Toni Krohm

Saturnalia. Ursprung, Ablauf und Bedeutung des Festes

GRIN Verlag

Bibliografische Information der Deutschen Nationalbibliothek:

Die Deutsche Bibliothek verzeichnet diese Publikation in der Deutschen National-bibliografie; detaillierte bibliografische Daten sind im Internet über http://dnb.d-nb.de/ abrufbar.

Impressum:

Copyright © 2010 GRIN Verlag GmbH
Druck und Bindung: Books on Demand GmbH, Norderstedt Germany
ISBN: 978-3-656-10080-5

Dieses Buch bei GRIN:

http://www.grin.com/de/e-book/184915/saturnalia-ursprung-ablauf-und-bedeutung-des-festes

Universität Leipzig
Historisches Seminar, Lehrstuhl Alte Geschichte
Wintersemester 2009/2010

Modul: Geschichte der römischen Antike: Politik, Verfassung,
                    Gesellschaft
Modulnummer: 03-HIS-0219A
Seminar: Römische Religion

Saturnalia

Name: Toni Krohm

Inhaltsverzeichnis:

1. Einleitung

Das größte römische Bauernfest, die Saturnalien, erfreuten sich großer Beliebtheit bei den römischen Bürgern und bei den Soldaten im Heer. Meine Hausarbeit soll eine Darstellung des Festes, seines Ursprungs und dessen Bedeutung aufzeigen. Des Weiteren versuche ich es mit heutigen uns bekannten Festen zu vergleichen, um es selbst auch besser erläutern zu können.

In meiner Ausarbeitung hab ich mich auf die Quellen von Macrobius, Plinius und Livius gestützt. Auch Lexika wie der Neue Pauly oder das Lexikon der griechischen und römischen Mythologie waren sehr hilfreich bei meiner Ausarbeitung.

Vor allem soll aber die Frage geklärt werden ob die Bräuche wie das gegenseitige Beschenken oder die Aufhebung der sozialen Distinktion zwischen Sklaven und Herren wirklich römischen Ursprungs sind. Hier werden die Lexika die nötigen Antworten geben.

Um das Fest zu verstehen, soll zunächst einmal der Tagesablauf geschildert werden und anschließend gehe ich näher auf die verschiedenen Bedeutungen und Besonderheiten des Festes ein.

2. Ursprung des Festes

Die Saturnalia wurden zu ehren, den zu den kleinen Göttern zählenden Gott des Ackerbaus Saturn, gefeiert.

2.1 Ianus

Eine Erzählung geht davon aus, dass das Fest zu Ehren des Saturnus abgehalten wurde. In der Regierungszeit des Königs Ianus verschwand plötzlich der geschätzte Kulturbringer Saturnus und es wurde ihm zu Ehren dieser Tempel des Saturns gestiftet.[1] So auch Macrobius; „Als indes Saturn plötzlich entrückt wurde, ersann Ianus noch höhere Ehren für ihn. Erstens nämlich nannte er das gesamte Gebiet, das seiner Herrschaft unterstand, saturnisches Land; zweitens stiftete er ihm wie einem Gott einen Altar mit Kult und nannte diesen Kult Saturnalien. So viele

---

[1] Nilsson, Martin Persson: Saturnalia. In: Paulys Realencyclopädie der classischen Altertumswissenschaft, Band II A,1, Stuttgart 1921, Sp. 202.

Jahrhunderte geht das Saturnalienfest der Gründung der Stadt Rom voraus. Ianus befahl also, Saturn als Stifter höherer Lebensart durch religiöse Würden zu ehren. Dies beweist Saturns Standbild, dem Ianus die Sichel als Zeichen der Ernte beigab."[2]

2.2 Herakles

Eine andere Erzählung deutet darauf hin, dass das Fest und der Tempel von den von Herakles zurückgelassenen Gefährten gestiftet wurden.[3]

2.3 Pelasger

Eine weitere Erzählung spricht den Ursprung des Festes eines sehr alten griechischen Volkes, der Pelasger, zu. Das Volk stammt ursprünglich von den südlichen Balkaninseln.[4]

3. Ablauf des Festtages

3.1 Allgemein

Die Saturnalia war das größte römische Bauernfest der damaligen Zeit und wurde am 17. Dezember gefeiert. Das Fest reihte sich ein zwischen römischen Festen Consulia, welches am 15. Dezember und Opalia, welches am 19. Dezember begangen wurde.[5]

Die Bürger Roms wuschen sich früh morgens, um von dem Tag nichts zu verlieren.[6]

Am Tempel des Saturns wurde dem Gott ein Opfer dargebracht. Dies Geschah mit unbedecktem Haupt und die sonst so steife Toga wurde durch bequemere Kleidung sowie einer Filzkappe auf dem Kopf ersetzt.[7] Anfangs gab es ein menschliches Opfer,

---

[2]   Macrobius, Ambrosius Theodosius; Tischgespräche am Saturnalienfest – Einleitung, Übersetzung und Anmerkungen von Otto und Eva Schönberger; Würzburg 2008; S. 43; 1,7 24.

[3]   Nilsson; Sp. 202.
Harrauer, Christine und Hunger, Herbert; Lexikon der griechischen und römischen Mythologie, Punkersdorf 2006; Sp. 436.

[4]   Nilsson; Sp. 202. Macrobius; S. 45; 1,7 31 -32.

[5]   Cancik, Hubert(hrsg.); Der Neue Pauly – Enzyklopädie der Antike, Band11 - Altertum; Stuttgart– Weimar 2001; Sp. 113.

[6]   Ziegler, Konrat(hrsg.) Der Kleine Pauly – Lexikon der Antike in fünf Bänden, Band 4; München 1975; Sp. 203.

[7]   Cancik; Sp. 114.

später wurde dies durch Kerzen und Tonfiguren ersetzt. Im Heer konnte dieses Menschenopfer auch der *Saturnalicius princeps*, also der Karnevalskönig sein, welcher nach einer Frist von 30 Tagen geschlachtet wurde.[8] Am Festtag wurden die Wollbinden, die sich das ganze Jahr über an der Tempelstatue befanden, entfernt. Der Opfergabe schloss sich ein öffentlich finanziertes Festmahl vor dem Saturntempel an. Dieser Teil schloss mit den Worten *Io Saturnalia.*[9] Im weiteren Verlauf des Tages zog man sich ins private Heim zurück. Die Schulen, Gerichte und sonstigen öffentlichen Einrichtungen blieben zunächst für einen Tag geschlossen. Später änderte sich die Dauer der *feriae*. Doch der einzige religiöse Tag blieb der 17. im Monat Dezember. Die spätere Verlängerung der *feriae* bezog sich nur auf die privaten Feierlichkeiten. [10]

3.2 Spätere Veränderungen

Die Bedeutung der Saturnalia nahm bis ins 3. Jahrhundert ab, bis es im Jahr 217 vor Christus erneuert und zum größten römischen Bauernfest ausgebaut wurde. Vor dieser Erneuerung gab es keine öffentliche Speisung. So beschrieb es Livius in seiner römischen Geschichte. Des Weiteren schreibt er: „ Noch in den letzten Tagen des Monats Dezember opferte man bereits am Tempel des Saturn in Rom. Ein Göttermahl wurde angeordnet, bei dem die Senatoren den Göttern das Polster bereiteten, und eine öffentliche Speisung auf Staatskosten. In der Stadt rief man einen Tag und eine Nacht „Saturnalien". Das Volk erhielt den Auftrag, diesen Tag festlich zu begehen und dies auch in Zukunft so zu halten".[11] Dies lässt die Vermutung zu, dass die eigentlichen privaten Feierlichkeiten erst nach der Erneuerung einsetzten. Zunächst war es nur eine Feierlichkeit die vom 15. bis zum 17. Dezember ging. Dabei war der 17. Dezember der eigentliche Festtag. [12]

---

[8]   Harrauer und Hunger; Sp. 440.

[9]   Nilsson: Sp. 203.

[10]   Cancik; Sp. 113.

[11]   Livius, Titus; Römische Geschichte, herausgegeben und übersetzt von Josef Feix; München 1991; 147.

[12]   Harrauer und Hunger; Sp. 437.
       Ziegler; Sp. 203.

3.2.1 Kaiser Augustus

Kaiser Augustus Oktavian (63 v. Chr. – 14 n. Chr.) fügte zu der dreitägigen Festperiode einen vierten Tag hinzu.

3.2.2 Kaiser Caligula

Caligula (12 n. Chr. – 41 n. Chr.) fügte einen weiteren Tag hinzu.

3.2.3 Kaiser Claudius

Claudius (10 v. Chr. – 54 n. Chr.) fügte einen fünften Tag der Festperiode hinzu.[13]

3.2.4 Julianische Kalenderreform

Bei der julianischen Kalenderreform im Jahr 45 vor Christus blieb es auch weiterhin bei einem religiösen Festtag. Macrobius schreibt zwar, dass vor der julianischen Kalenderreform der Tag Saturnalia der 19. Dezember war,[14] jedoch geht die neuere Forschung davon aus, dass es schon immer der 17. Dezember war.[15]

4. Die verschiedenen Bedeutungen der Saturnalia

4.1 Einbringung der Ernte

Traditionell wurde am Saturnalientag das Beenden der Winteraussaat gefeiert.[16] Die Bürger Roms feierten somit die Einbringung der Ernte, die zu diesem Zeitpunkt abgeschlossen war. Genau genommen wurde das Hervorholen des unterirdisch gelagerten Ernteguts feierlich begangen.[17]

Im Laufe der Zeit, aber vor allem im Zuge der Hellenisierung um 217 vor Christus schwindet die Bedeutung als bäuerliches Fest. Harrauer und Hunger vermuten

---

[13]   Cancik; Sp. 113. (alle drei Kaiser)

[14]   Macrobius; S. 50; 1,10 2 und S. 51; 1,10 18.

[15]   Harrauer und Hunger; Sp. 437.
         Syska, Ekkehart; Studien zur Theologie im ersten Buch der Saturnalien des Theodosius Macrobius;
         Stuttgart 1993; S. 93.

[16]   Harrauer und Hunger; Sp. 437.

[17]   Cancik; Sp. 113.

daher, dass nicht alle Bräuche des Festes ihre Bedeutung im Ursprung dieses Festes haben, sondern später hinzu traten.[18]

Im heutigen Sinne kann man davon ausgehen, dass die Römer eine Art Erntedankfest ursprünglich gefeiert haben.

4.2 Das gegenseitige Beschenken

Der wohl bekannteste Brauch der Saturnalia ist das gegenseitige Beschenken. Vor allem war man darauf bedacht, die weniger bemittelten Schichten zu beschenken. [19] Das Beschenken fand dabei nach den öffentlichen Feierlichkeiten im privaten Bekannten- und Freundeskreis statt.

Gebräuchliche Geschenke waren unter anderen Kerzen und Tonfiguren. Dabei kam es, besonders bei den ärmeren Schichten oft zu Überschätzungen, was dessen eigenes Vermögen betraf. Macrobius beschreibt, dass der Volkstribun *Publicius* sogar ein Gesetz erlassen hatte, man soll nur Wachskerzen verschenken. [20]

Auf den Geschenken wurden auch manchmal witzige Schriftzüge aufgebracht, um die Ausgelassenheit dieser Tage Ausdruck zu verleihen. [21] Besonders beliebte Geschenke waren kleine Tonpuppen. Es wurde eigens dafür ein Markt abgehalten, der sich über die gesamte Zeit der Saturnalia abhielt.[22]

Vergleichbar ist dieser Brauch des Beschenkens mit unserem heutigen Weihnachtsfest. So auch die Anmerkung von Otto und Eva Schönberger; „ […] Die Verwandtschaft mit dem Weihnachtsfest (Termin, Geschenke, Lichter) ist offenkundig, zum Teil auch bezüglich der allgemeinen Gleichheit […]"[23]

4.3 Jahresabschluss

Da die Saturnalia am Ende des Jahres gefeiert wurden, liegt die Bedeutung als Jahresabschluss sehr nah. Bei den bis zu sieben Tagen ausgedehnten privaten Feierlichkeiten wurde dem Wein ausgiebig zu gesprochen. Auch war es, zu dieser

---

[18]   Harrauer und Hunger; Sp. 437.

[19]   Ziegler; Sp. 204.

[20]   Macrobius; S. 45; 1,7 31.

[21]   Ziegler; Sp. 204.

[22]   Harrauer und Hunger; Sp. 437.

[23]   Macrobius; S. 10.

Zeit im Jahr keine Schande sich einen Rausch anzutrinken. Charakteristisch für dieses Fest war auch die lärmende Ausgelassenheit der Bürger.[24] Vergleichbar ist dies mit der heutigen Silvesterfeier.

4.4 Karneval

Die Bürger Roms trugen am Festtag nicht wie gewöhnlich die steife Toga, sondern kleideten sich etwas bequemer. Auch ist überliefert, dass eine Filzkappe, welche als Symbol für die Freiheit diente, getragen wurde.[25]

Wie bereits angedeutet wurde per Losentscheid ein Karnevalskönig, der *Saturnalicius princeps*, gewählt, welcher scherzhafte Aufträge erteilte und seinen Lüsten 30 Tage lang nachgehen konnte. Im Heer schien es Brauch gewesen zu sein diesen Saturnalienkönig, wie er auch bezeichnete wurde, nach seiner „Amtszeit" als Opfergabe zu schlachten.

Auch diese Bedeutung deutet auf die Ausgelassenheit dieser Tage hin. In einigen Punkten wie das Tragen anderer Kleidung und die manchmal nicht ernst gemeinten Gesten lässt sich das Fest mit dem heutigen Faschings- beziehungsweise Karnevalsfest vergleichen.

Auch Plinius weißt auf die Ausgelassenheit dieses Tages in seinen Briefen an Gallus hin: „Dahinter ein Zimmer mit einem Vorraum, das nach der Sonne zu liegt und diese gleich bei ihrem Aufgang einfängt und über den Mittag hinaus zwar schräg einfallend, aber eben doch behält. Wenn ich mich in diesen Pavillon zurückgezogen habe, meine ich sogar von meinem Landhaus weit entfernt zu sein, und habe besonders während der Saturnalien rechte Freude an ihm, wenn die übrigen Teile des Hauses von der Ungebundenheit der Tage und dem Festtrubel widerhallen, denn weder störe ich die Belustigungen meiner Leute noch sie meine Studien."[26]

---

[24]   Ziegler; Sp. 203.

[25]   Cancik; Sp. 114.

[26]   Plinius; Gaius Caecilius Secundus; Briefe – Auswahlausgabe, Herausgegeben und Übersetzt von Rainer Nickel; Düsseldorf – Zürich 2000; S. 19.
         Beard, Mary C.F., North, John und Price, Simon, Religion of Rome II. A Sourcebook; Cambridge: Cambridge University Press 1998; S. 124-5.

5. Besonderheiten am Festtag

5.1 Aufhebung der sozialen Distinktion

Besonders bemerkenswert ist die Aufhebung der sozialen Distinktion zwischen Sklave und Herr.

In den Häusern fanden gemeinsame Gastmähler zwischen Herr und Gesinde statt. Entweder wurden diese gemeinsam abgehalten oder die Sklaven aßen vor Ihren Herren. Marcobius bezieht dazu auch Stellung: „[…] Er wollte es eben einem Gott als Ehre anrechnen, dass Sklaven mit ihren Herren gemeinsam speisten, gerade als ob sich Gottheiten um Sklaven kümmerten oder ein Weiser in seinem Haus eine so schmähliche und hässliche Gemeinsamkeit zuließ."[27] Auch überliefert ist, dass die Sklaven auch nach dem Mahl gemeinsam mit Ihren Herren tranken und feierten.

Ziegler deutet: „Diese Gleichheit wurde als eine Erinnerung an die goldene Zeit unter der Herrschaft des Saturn angesehen, der so gerecht war, daß unter seiner Herrschaft niemand Sklave war und niemand privaten Besitz hatte"[28] Harrauer, Hunger und Ziegler sind sich darin einig, dass hier der griechische Ursprung dieses Brauchs belegt ist, da diese soziale Gleichheit nicht „ursprünglich römisch"[29]ist.[30]

5.2 Tischgespräche

Bei den Tischgesprächen, die zu den Saturnalia geführt wurde muss man unterscheiden zwischen der gebildeten Aristokratie und dem einfachen Volk. In den Häusern der Aristokratie bemühte man sich, angesichts des griechischen Vorbildes gebildete Gespräche zu führen, meist über Dichtkunst. Man verstand sich aber auch darin, sich satirisch über frühere römische Kaiser auszulassen. Auch Inhalt der Gespräche waren der Ursprung und Bedeutung von anderen Kulten.[31]

Eher volkstümlich war das Rätselraten, was sich großer Beliebtheit erfreute. Aber auch hier erfreute man sich an Spottgedichten.[32]

---

[27]   Macrobius; S. 52; 1,11 1

[28]   Ziegler; Sp. 205.

[29]   Harrauer und Hunger; Sp. 438.

[30]   Ziegler; Sp. 205.

[31]   Cancik; Sp. 114.

[32]   Ziegler; Sp. 204.

Dabei saß man mit seiner Familie, Bekanntenkreis und manchmal auch dem Gesinde zusammen am Tisch. Es wurden auch Sammlungen von Rätseln herausgegeben, für diejenigen, denen selber keine einfielen.

5.3 Spiele

Eine weitere Besonderheit der Saturnalia war das sonst verbotene Würfelspiel um Geld. Aufgrund der Ausgelassenheit dieser Tage sollte dieses Würfelspiel in der Festzeit geduldet werden.

Die neuere Forschung, hier Harrauer und Hunger, geht nicht davon aus, dass Spiele wie etwa Gladiatorenkämpfe zu Ehren der Gottheit Saturn abgehalten wurden.[33]

5.4 Weitere Besonderheiten

Die Gastmähler, zu denen die Bürger ihre Freunde einluden waren pompös, dabei gab es bei den besser bemittelten Gesellschaftsschichten auch schon mal einen Fasan auf den Tisch. Bei den unteren sozialen Schichten erfüllte ein Ferkel die gleiche Bedeutung.[34]

Die Saturnalia wurden begleiten von den Ferientagen, die unter den Kaisern Roms mehrfach verlängert wurden. Diese Ferien galten auch für die Gerichte, sodass es auch dazu kam, dass zu dieser Zeit niemand angeklagt wurde.[35]

Die Schulen blieben ebenfalls zu dieser Zeit im Jahr geschlossen. Besonders ist darauf hinzuweisen, da sie zu anderen Festen geöffnet blieben.[36]

Des Weiteren war es verpönt zu den Saturnalien einen Krieg zu beginnen, da sonst die Ausgelassenheit des Festes, vor allem im Heer wo die Soldaten ebenfalls dieses Fest feierlich begingen, nicht garantiert werden kann.

---

[33]   Harrauer und Hunger; Sp. 438 u. 439.

[34]   Harrauer und Hunger; Sp. 438

[35]   Cancik; Sp. 113.

[36]   Ziegler; Sp. 203.

6. Zusammenfassung

„Beim römischen Saturnfest ist stets der 17. Dezember der einzige religiöse Festtag geblieben, doch wurde die private Feier immer mehr (bis zu sieben Tagen) ausgedehnt. Der Ursprung des Festes liegt im Dunkel […]; vermutlich ist es das Fest von Jahresende und Winteraussaat, das jedoch unter griechischen Einfluss geriet, besonders durch ein Göttermahl (*lectisternium*) und eine dem Kronos nachgebildete Statue. Vor dem Saturntempel fand am 17. 12. (*optimus dierum*) ein öffentliches, oft ausgelassenes Gelage statt, ein kurzes Wiederaufleben der goldenen, alles ausgleichenden Zeit unter Saturn. Gebildete führten später an den Saturnalien geistreiche Tischgespräche, andere lösten Rätsel oder würfelten. […]"[37] Dieser Kommentar von Otto und Eva Schönberger beschreibt am besten in knapper Form das Fest und die Wirkung auf die Römer. Auch wie bereits von den beiden angedeutet liegt der Ursprung des Festes im Dunkel, da selbst die Geschichtsschreiber, wie Livius, dieser damaligen Zeit es selber nicht genau wussten. Anzunehmen ist aber, dass das Fest im Zuge der Hellenisierung im 3. Jahrhundert erneuert wurde und somit auch seinen Charakter änderte. Zum Beispiel, wie die neure Forschung belegt, ist die Bewirtung der Dienerschaft nicht römisch, sondern wurde durch die Griechen angefügt. So schreibt zum Beispiel hierfür Harrauer und Hunger: „[…] die Bewirtung des Gesindes durch die Hausfrauen […] ist etwas anderer Art und nicht ursprünglich römisch […]"[38]

Abschließend lässt sich feststellen, dass die Saturnalien auch Inhalte von unseren heutigen Festen wie Karneval, Silvester, Weihnachten und Erntedankfest in sich tragen.

---

[37] Macrobius; S. 10.

[38] Harrauer und Hunger; Sp. 438.

7. Literaturverzeichnis

Nilsson, Martin Persson: Saturnalia. In: Paulys Realencyclopädie der classischen Altertumswissenschaft, Band II A,1, Stuttgart 1921.

Harrauer, Christine und Hunger, Herbert; Lexikon der griechischen und römischen Mythologie, Punkersdorf 2006.

Cancik, Hubert(hrsg.); Der Neue Pauly – Enzyklopädie der Antike, Band11 - Altertum; Stuttgart– Weimar 2001.

Ziegler, Konrat(hrsg.) Der Kleine Pauly – Lexikon der Antike in fünf Bänden, Band 4; München 1975.

Beard, Mary C.F., North, John und Price, Simon, Religion of Rome II. A Sourcebook; Cambridge: Cambridge University Press 1998.

Syska, Ekkehart; Studien zur Theologie im ersten Buch der Saturnalien des Theodosius Macrobius; Stuttgart 1993.

8. Quellenverzeichnis

Macrobius, Ambrosius Theodosius; Tischgespräche am Saturnalienfest – Einleitung, Übersetzung und Anmerkungen von Otto und Eva Schönberger; Würzburg 2008.

Livius, Titus; Römische Geschichte, herausgegeben und übersetzt von Josef Feix; München 1991.

Plinius; Gaius Caecilius Secundus; Briefe – Auswahlausgabe, Herausgegeben und Übersetzt von Rainer Nickel; Düsseldorf – Zürich 2000.